SABINE BODE

WEIHNACHTEN
IST WIE WURZELBEHANDLUNG

... NUR MIT
LAMETTA

LAPPAN

© Foto: Olli Haas

Sabine Bode arbeitete nach dem Studium der Anglistik, Germanistik und Publizistik als Journalistin und Übersetzerin sowie als Gag-schreiberin für das Who's who der deutschen Comedy-Szene. Inzwischen ist sie selbst Komi-kerin und vierfache Bestsellerautorin (u. a. „Älterwerden ist voll sexy, man stöhnt mehr"). **www.fraubode.de**

Wir produzieren nachhaltig
• Klimaneutrales Produkt
• Papiere aus nachhaltigen und kontrollierten Quellen
• Hergestellt in Europa

1. Auflage 2023

– Originalausgabe –

© 2023 Lappan Verlag in der Carlsen Verlag GmbH, Völckersstraße 14-20, 22765 Hamburg

ISBN 978-3-8303-2124-8

Text: Sabine Bode

Lektorat: Jessica Link

Layout und Herstellung: Monika Swirski

Folgt uns! facebook.com/lappanverlag
Instagram.com/lappanverlag
www.lappan.de

FSC
www.fsc.org
MIX
Papier | Fördert
gute Waldnutzung
FSC® C018236

HO! HO! HO!

Bevor Sie etwas gegen Ihren Besinnlichkeitsstress unternehmen, sollten Sie wissen, worauf Sie sich einlassen: Hinter jedem Türchen erwartet Sie ein anderer absurd komischer Auswuchs der Vorweihnachtszeit. Doch um zum nächsten und richtigen Türchen zu kommen, müssen Sie das Bild am Ende jedes Kapitels genau so auf einer Seite im Adventskalender wiederfinden, denn wer will schon mit Türchen Nummer 24 starten?

Viel Spaß im Advent und nur nicht durchdrehen!

Los geht's hinter diesem Bild:

VERY-LAST-MINUTE GESCHENKTIPPS

FROHE WEIHNACHTEN

ISBN 978-3-8303-6416-0

ISBN 978-3-8303-6418-4

ISBN 978-3-8303-6411-5

Folgt uns! facebook.com/lappanverlag
Instagram.com/lappanverlag
www.lappan.de

MIT BÜCHERN, DIE SPASS BRINGEN!

ISBN 978-3-8303-4551-0

ISBN 978-3-8303-4552-7

ISBN 978-3-8303-4538-1

ISBN 978-3-8303-6407-8